यक़ीन से मुमकिन तक

वंदन राज टाक

Published by "The Great Indian Book Tour"
Imprint : **Holistic Publishing**
www.tgibt.com

email : prashant@tgibt.com

Title : यक़ीन से मुमकिन तक
Author : वंदन राज टाक
Copyright © वंदन राज टाक 2024

First published in 2024
First Edition 2024

ISBN : 978-93-93262-75-2

मैं वंदन राज टाक, यह कविताओं की किताब लिखने का मेरा मक़सद यह है की, मैं अपने जज़्बातों को और अपनी सोच को शब्दों का रूप देकर लोगों के अंदर भरपूर आत्म विश्वास देकर अभिप्रेरण से जीवन जीने को प्रोत्साहित कर सकूँ, इन कविताओं में मैंने मंज़िल को स्वाभिमान के साथ पाने के लिए जिन जिन भी ख़ूबियों की ज़रूरत होती है, उन सभी बातों को लिखा है ...

जैसे :-

"मंज़िल को पाने के लिए इम्तिहान देना"

"जुनून रखना"

"ख़ुद की क़ीमत को पहचान ना"

"सब्र रखना"

"हिम्मत रखना"

"समय की कद्र करना"

"योद्धा होने की पहचान बन ना"

"रातों को जाग कर मंज़िल के लिए संघर्ष करना"

"समय को हक़ में करने का हुनर रखना"

"मोहब्बत से ज़्यादा मंज़िल के लिए जुनून रखना"

"मददगार होना"

"हर ज़ुबान पे चर्चे होना"

"नकारात्मक लोगों को अनसुना करना"

"अपने भीतर की ख़ूबियों को जान ना"

"क़ाबिल बन ना"

"सकारात्मक रहना"

"हौसला रखना"

"शौक़ को भुला कर कर्म करना"

"अपने आप को वक़्त देना"

"अनंत से भी आगे का सोचना"

"कुछ भी नामुमकिन ना समझना"

"मुश्किलें सहन करना"

"ख़्वाबों के पीछे जाना"

"दृढ़ निश्चय रखना"

"ख़ुद पे यक़ीन रखना"

"नैतिकता और नीति के साथ आगे बढ़ना"

"स्वाभिमान रखना"

"वक़्त के उतार चढ़ाव को समझना"

"बाक़ियों से अलग बन ना"

"ख़ुद का बैहतर किरदार बनाना"

इन सभी ख़ूबियों को मैंने कविताओं की शक्ल दी है, मेरी लिखी हुई इन कविताओं को पढ़ हर व्यक्ति ज़िंदगी में आगे बढ़े, अपनी मंज़िल को नैतिकता और नीति के साथ पाते हुए समाज और दुनिया के लिए मददगार बने, यही मेरी ख़्वाहिश है।

आभार

मैं नतमस्तक होकर **परमात्मा** को प्रणाम करता हूँ, की उन्होंने
मुझमें यह लिखने की कला देकर इस ख़ूबसूरत दुनिया में भेजा, की
मैं अपने जज़्बातों को और अपनी सोच को शब्दों का रूप देकर यह
कविताएँ लिख सका, जिससे यह कविताएँ पढ़कर लोग आत्म विश्वास
रख कर अभिप्रेरण से जीवन को जी सके, परमात्मा की कृपा मुझ पर
इसी तरह हमेशा बनी रहे की मैं आगे और भी बेहतर लिख सकूँ और
इस दुनिया में सकारात्मक ऊर्जा को बनाए रखने में समर्पण दे सकूँ।

"माँ" यह शब्द जुबान पे आते ही जेसे सुकून आ जाता है, माँ कभी ख़ुद के लिए उपरवाले से कुछ नहीं माँगती, माँ सिर्फ़ अपने बच्चों और परिवार के लिए माँगती है, परमात्मा ने माँ को वो जज़्बात देकर भेजा है की बच्चे भले ही माँ से कितना ही नाराज़ क्यू ना हो जाए पर माँ कभी अपने बच्चों से नाराज़ नहीं होती ...

मैं मेरी माँ श्रीमती **रेखा जी टाक** को नतमस्तक होकर प्रणाम करता हूँ, वो माँ ही है जो बच्चे को इस दुनिया में लेकर आती है, मेरी माँ ने परमात्मा से सिर्फ़ मेरी ख़ुशी और तरक़्क़ी माँगी है ..

मुझे हमेशा इतना प्यार किया, आशीर्वाद दिया और मेरे स्कूल/कॉलेज की परीक्षा के दिनो में दिन-रात जाग कर इतना साथ दिया की जेसे वह परिक्षाए उनकी ही हो, जो की एक माँ के बच्चे के प्रति समर्पण की पहचान होती है ...

मुझे हमेशा प्रेरणा दी की ज़िंदगी में एक बहुत बड़ा आदमी बनो, और ज़रूरत मंद लोगों की मदद करने की हमेशा सीख दी, मेरी मम्मी का व्यक्तित्व में दिव्यता और महानता है।

"सिर अपनी माँ के कदमों में"

आँखो में जुनून, दिल में ख़्वाबों का भंडार रखता हूँ, कहता हूँ की एक
दिन ज़रूर कुछ बड़ा कर जाऊँगा,
क्योंकि मैं अपने सिर को अपनी माँ के क़दमों में रखता हूँ ...

"पिता" यह शब्द संघर्ष का दूसरा नाम है, बच्चे के जन्म से पहले बच्चा माँ के पेट में होता है, लेकिन पिता के दिमाग़ में होता है, पिता उस बच्चे के जीवन के बारे में हर वक़्त सोचता रहता है, पिता के फ़ैसले भले ही शायद कभी ग़लत हो जाए लेकिन एक पिता के इरादे हमेशा बच्चे की ख़ुशी और उसे हक़ के लिए होते है, ख़ुद की आख़री साँस तक पिता सिर्फ़ बच्चे के बेहतर भविष्य के लिए संघर्ष करता रहता है ...

मैं मेरे पिता श्री **रवि कांत जी टाक** को नतमस्तक होकर प्रणाम करता हूँ, मेरे पिता ने मुझे बेहतर भविष्य देने के लिए ज़िंदगी में जी तोड़ संघर्ष किया है, बचपन से लेकर आज तक मुझे बेहतर भविष्य देने के लिए दिन-रात प्रयास किया है, मेरे पिता ने मुझे हमेशा यह प्रेरणा दी है की वंदन राज तुम अपनी कला से इतिहास बना सकते हो, इस दुनिया में तुम्हारा नाम हमेशा याद रहे ऐसा अपना किरदार बना सकते हो... पिता की सबसे बड़ी ख़ूबी यह भी है की वह ज़ाहिर नहीं करते है पर दिल में बेहिसाब प्यार और दुआए रखते है अपने बच्चे के लिए ...

मेरे पापा बड़े ही सरल और कर्मयोगी व्यक्तित्व के इंसान है ।

"पिता का साथ"

पिता का साथ हो तो ख़्वाबों को हौसला मिलता है,

जब भी देखा है मैंने बटूये की तरफ़,

तो पिता की बदौलत हमेशा उसमें जैसे दौलत का ख़ज़ाना मिलता है,

ख़ुद को तकलीफ़ देकर भी हमेशा हंसाया है जिसने,

उस पिता के होने से जैसे सारे जहान का सुकून मिलता है ...

"बहन" यह शब्द माँ का दूसरा नाम है, माँ के बाद ख़याल रखने वाली कोई होती है तो वो बहन है, जो अपने हर रिश्ते और ज़िम्मेदारी को बख़ूबी निभाती है ..

मैं अपनी बहन **श्रीमती शुभांगी टाक** को नतमस्तक होकर प्रणाम करता हूँ, मेरी बहन ने मुझे मेरी ख़ुद की ख़ूबियाँ जानने में मदद की है, की वंदन तुम जिनको अपना आदर्श मानते हो, तुम एक दिन उनकी तरह ज़रूर बन सकते हो, तुम्हारे आदर्श ने जो मुक़ाम पाया है तुम भी वहा तक ज़रूर एक दिन पहुँच सकते हो...

यह प्रेरणा मेरे लिए ज़िंदगी की बहुत बड़ी प्रेरणा है, जिसने मेरे आत्म विश्वास को बहुत बढ़ाया है, मेरी बहन का व्यक्तित्व सरल होने के साथ साथ बहुत ही समझदारी वाला है ।

मैं मेरे दादा जी **श्री कन्हैया लाल जी टाक** को नतमस्तक होकर प्रणाम करता हूँ, कहा जाता है की पोता दूसरा जन्म होता है दादा का, दादा अपने पोते में अपनी ख़ुशियों को ढूँढते है,

मेरा यह नाम **"वंदन राज"** मेरे जन्म के बाद मेरे दादाजी ने ही रखा है, उन्होंने कहा की "वंदन" संज्ञा है और "राज" विशेषता उन्होंने कहा की लोगों के दिलो पे राज करना तुम्हारी विशेषता बने "वंदन राज", मेरे दादाजी भी एक बोहत अच्छे लेखक है, मेरे प्रथम वर्ष गाँठ पर उन्होंने मेरे लिए आशीर्वाद के रूप में यह लिखा था :-

"चिरायु हो, प्रफुल्लित हो, मर्यादित हो, घर-परिवार की आन बनो एवं मान समझ।

धीर, गम्भीर, सलिल जलगंगधार, मानिंद बन।

ख़ुशियों का अंबार सजा।

बने तो स्वाति नक्षत्र की बूँद सा, सच्चा पक्का मोती बन, जग में तेरी आब रहे शान रहे।

वंदन सबको नव अभिनंदन कर।

क्रंदन से रहना कोसो दूर ...

बन सके तो ढलती उम्र का सहारा बन।

घर में सुरभित फूल खिला, घर स्वर्णिम उजियारा बन, मन मणीमोती एवं चंद्र-रवि के नयनों का तारा बन, राज दुलारा बन, बन ऐसा ध्रुव सा विश्वास अटल, श्रवण सा त्याग प्रबल।"

- कन्हैया लाल टाक

उनके आशीर्वाद से में ज़िंदगी में आगे बढ़ता रहु और पूरे परिवार का नाम रोशन करूँ ...

मेरे दादाजी का व्यक्तित्व साहसी, विनम्र और मिलनसार है।

मैं मेरे नाना जी श्री गोपी लाल जी टाक को नतमस्तक होकर प्रणाम करता हूँ, मैंने मेरे नाना जी से एक बोहुत ही महत्वपूर्ण बात सीखी है, उन्होंने हमेशा कहा की ज़िंदगी में दिल किसी-किसी से मिलेंगे लेकिन हाथ सभी से मिलाते चले जाओं।

यह विचार ज़िंदगी में उतारने योग्य है की घनिष्ठ कुछ लोग होंगे ज़िंदगी में, लेकिन व्यवहार हर एक इंसान से रखना चाहिए, अपने किरदार को इतना बैहतरीन बनाना चाहिए ..की हर व्यक्ति आपसे मिलकर ख़ुश हो, आपके व्यवहार से सामने वाले इंसान को सुकून मिले। वह हमेशा आपके किरदार का मुरीद रहे ...

मेरे नाना जी का किरदार भी बिल्कुल ऐसा ही रहा है, उनको चाहने वाले और प्यार करने वाले अनगिनत है इस दुनिया में ..

मेरे नाना जी भी बहुत अच्छे लेखक रहे है, उन्होंने अपने ज्ञान के सागर से जीवनशैली को अच्छे तरीक़े से जीने के लिए बहुत ख़ूबसूरत बातें लिखी है ..

मेरे नाना जी के व्यक्तित्व में संघर्ष, प्रेम और ज्ञान रहा है ।

मैं अपने सभी भाई-बहन, मित्रगणों, रिश्तेदारों एवं कर्मचारियों का तहें दिल से शुक्रगुज़ार हूँ, आप सभी का मेरी ज़िंदगी में होना यह मेरी ख़ुशक़िस्मती है, आप सभी का साथ, प्यार और दुआए मेरे साथ इसी तरह हमेशा हमेशा क़ायम रहे।

लेकिन अभी इम्तिहान और बाक़ी है

अपनी मंज़िल को पाने में तु जल्दी ना कर,

तु जमा हुआ है रास्ते पर बस तेरी यह रफ़्तार ही काफ़ी है,

जो चाहा है हर वो चीज़ तुझे मिलेगी,

लेकिन अभी इम्तिहान और बाक़ी है...

हो अगर सामने आग़ का दरिया भी तो ख़ुद को तैर कर पार करा दे,

अपनी हिम्मत से तु उस आग़ के दरिए को उसकी औक़ात दिखा दे,

यक़ीनन मिल जाते है फिर तख़्तों ताज,

लेकिन अभी इम्तिहान और बाक़ी है...

मत डर अपनी मुश्किलों से... तेरा जज़्बा मुश्किलों से कई गुना बड़ा है,

अपने आप को तु अपनी ही पहचान दिखा दे .... अपनी आँखो से तु

इस दुनिया को जुनून दिखा दे,

फिर होता है इम्तिहान को भी गर्व और यह मुश्किलें भी सलाम करती

है,

लेकिन अभी इम्तिहान और बाक़ी है।

यलग़ार का ख़ौफ़ नहीं

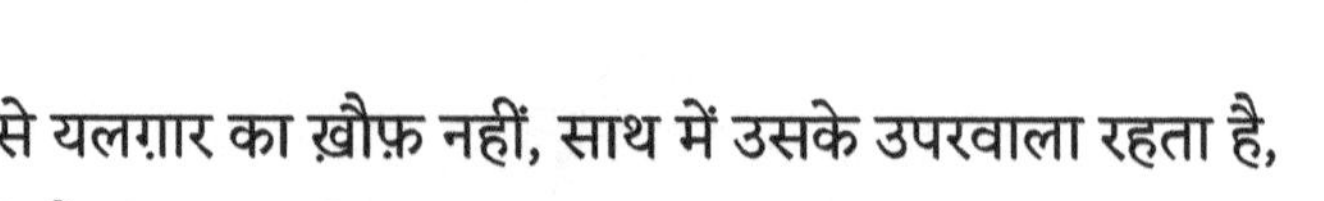

उसे यलग़ार का ख़ौफ़ नहीं, साथ में उसके उपरवाला रहता है,

कहते है लोग उसे दीवाना, ज़रूर वो मदमस्त होकर अपनी ही धुन में रहता है ...

होश में रहकर ख़्वाबों को आग़ोश में लेता है,

अपने रास्तों को वो ख़ुद ही बनाता रहता है,

लबों से वो अपने क़ामयाबी को चूमना चाहता है,

बेफ़िकर होकर बस वो दौड़ना चाहता है,

लेता है वो हर बार ख़ुद ही का इम्तिहान,

तभी तो हौसला भी उसका उसको सलाम करता रहता है,

उसे यलग़ार का ख़ौफ़ नहीं, साथ में उसके उपरवाला रहता है।

"यलग़ार" - दुश्मन का हमला

ख़ुद को पहचान ना होगा

चमक तेरी काँच की नहीं हीरे की है, यह तुझे जान ना होगा,
बाक़ियों से अलग है तू, यह तुझे पहचान ना होगा,

मज़बूती की वजह से पहचान होती है हीरे की,
क्योंकि काँच को तो एक दिन बिखरना ही होगा।

किसी ने क्या कह दिया, किसी ने क्या कह दिया

कुछ लोगों ने बोला की तू मंज़िल को पा नहीं सकता,
मैंने अनसुना करके अपनी समझदारी का परिचय दे दिया।

अपने ही यक़ीन से मुमकिन करनी है मुझे मंज़िल मेरी,
फिर मुझे फ़र्क़ नहीं पड़ता की किसी ने क्या कह दिया, किसी ने
क्या कह दिया।

सब्र रख

सब्र रख, यह इंतज़ार करना तेरा ज़रूर एक दिन तुझे क़ामयाबी देगा,

सुनी है बेइज़्ज़ती दुनिया वालों से ख़ुद के ख़िलाफ़ तूने,

एक दिन उन सबको तू जवाब देगा ...

वक़्त कभी एक जैसा नहीं होता, कभी जीत की तरफ़ तो कभी हार की

तरफ़ भी होना होगा,

जज़्बा रख समुंदर की गहरायी में जाने का फिर उस गहरायी में भी

रौशनी को पैदा होना होगा।

वक़्त को समझना पड़ता है

वक़्त की नज़ाकत को समझना पड़ता है,

तीर को भी आगे बढ़ने के लिए पीछे तो होना ही पड़ता है,

यह वक़्त है जनाब इससे बहुत कुछ सीखना पड़ता है,

अपने आप को मज़बूत रखना पड़ता है,

कौन कहता की ख़्वाब मुकम्मल नहीं होते है,

बस शर्त यह है की अपने क़दमों को जमाए रखना पड़ता है।

"मुकम्मल" - पूरा होना

बस तु अपने आप को बेख़ौफ़ कर दे

तु अपने आप को इस क़दर मज़बूत करदे,

अपने जज़्बे से ज़मीन और आसमान एक करदे,

जहाँ रास्ते पहले से होते नहीं वहाँ रास्ते फिर बनते भी ज़रूर है,

बस तु अपने आप को बेख़ौफ़ करदे...

समुद्र में उतर कर तु उसकी गहरायी नाप दे,

उन समुद्र के मोतियों को तु ख़ुद की भी चमक दिखा दे,

जिस दरवाज़े की चाबी ना हो तु ख़ुद ही को उसकी चाबी बना दे,

बस तु अपने आप को बेख़ौफ़ करदे...

बाज़ की तरह आसमान को ख़ुद की उड़ान दिखा दे,

जीतने के लिए तु बस अपने हर एक डर को भुला दे,

ना काफ़ी हो अगर पसीना बहाना तो ख़ुद का थोड़ा ख़ून भी बहा दे,

बस तु अपने आप को बेख़ौफ़ कर दे।

तरक़्क़ी ख़ुद तुझ से तेरा पता माँग ले

तेरी कला से तरक़्क़ी मिलना काफ़ी ना हो, तो अपना जुनून दिखा के तरक़्क़ी को माँग ले ...

जुनून काफ़ी ना हो, तो हौसला दिखा के माँग ले...

हौसला भी अगर काफ़ी ना हो, तो नसीब के आगे सर झुका के माँग ले...

और नसीब से भी ना मिले तुझे तरक़्क़ी, तो "मेहनत" इतनी ज़्यादा कर की फिर तो तरक़्क़ी ख़ुद तेरे पास आकर तुझसे तेरे घर का पता माँग ले।

रास्तों को ख़ुद बन ना होगा

मंज़िल का इशारा ज़रूर होगा,

सोचा हुआ हर ख़्वाब पूरा होगा,

करनी है बस जी तोड़ मेहनत,

फिर रास्तों को भी ख़ुद बख़ुद बनना होगा।

योद्धा की पहचान

योद्धा की पहचान हिम्मत और यक़ीन से होती है,
जिसके जज़्बे की कोई सीमा नहीं होती है।
जंग सिर्फ़ मैदान में नहीं होती है ,
जो ज़िंदगी में मुश्किलों से डट कर लड़े उसकी भी पहचान योद्धा से
कम नहीं होती है।

उम्मीद है

गुफाओं में अगर रौशनी की उम्मीद है,
तो तेरी ज़िंदगी में भी जीत की उम्मीद है।
ढूँढा है जिसने अपने ख़ुद के अंदर के ख़ज़ाने को,
तो उस शख़्स की यह दुनिया मुरीद है।

"मुरीद" - शिष्य

रातों को ना सोना

कभी कभी रातों को ना सोना भी इंसान को बेहतर रखता है,
वो क्या है ना की यह अंदर के जुनून को बनाए रखता है।

जब खुले आसमान के नीचे ज़िंदा है, तो यह रातों को ना सोना
दरसल मंज़िल पाने के लिए ज़मीन पे क़दमों को जमाए रखता है।

वक़्त को हक़ में रखना

हालात क्या हराएँगे मुझे, मैं मुसीबतों से लड़ने की हिम्मत रखता हुँ,

आँखो में ख़ुद के जीतने का जुनून रखता हुँ।

यह वक़्त ही है जो इंसान के हालात बताता है,

मैं तो वक़्त को भी मेरे हक़ में रखने का हुनर रखता हुँ।

फ़ितरतें मुख़्तलिफ़

कुछ लोगों की फ़ितरतें मुख़्तलिफ़ हुआ करती है,
अपने अन्दाज़ की अलग ही पहचान हुआ करती है।
कौन कहता है की दिल्लगी सिर्फ़ महबूबा से होती है,
पूछो कभी हम जैसे दीवानो से जिनकी असल दिल्लगी तो उनके
मुक़ाम से हुआ करती है।

"मुख़्तलिफ़" - कुछ अलग होना, कुछ ख़ास होना

हर वक़्त बेख़ौफ़

इरादे बातों में नज़र आते है,

और हौसले आँखो में नज़र आते है,

मंज़िल को पाने की भूख ने कुछ ऐसा बना दिया,

की अब तो हर वक़्त बेख़ौफ़ नज़र आते है।

अब तो कोई बादशाह है मेरे साथ

अपने क़दमों को ना रोक बहुतों की ही उम्मीद है तेरे साथ,

ज़रा हिम्मत तो दिखा, बहुतों की दुआ है तेरे साथ।

जब कोई मज़लूम तुझसे मदद की गुहार लगाए, तो वो भी तेरी

आँखो की धधक देख बोले, की निश्चयी जीत है मेरी,

क्योंकि अब तो कोई बादशाह है मेरे साथ।

"धधक" - आग़ की लपट

"मज़लूम" - अत्याचार से पीड़ित

"गुहार" - रक्षा के लिए पुकारना

मंज़िल पाने के बाद साथ तख़्तों ताज होते है

जब चलता है इंसान अकेला रास्ते पे तो बस साथ उसके इरादे हुआ
करते है,

पा जाने के बाद मंज़िल फिर साथ उसके तख़्तों ताज हुआ करते है।

चलते हुए मंज़िल की ओर रास्ते में कई लोग उसे नज़र अन्दाज़ किया
करते है,

पर हर मुश्किल को मिटा देने के बाद फिर वही लोग उसे सलाम भी
किया करते है।

नहीं खाते ख़ौफ़ ऐसे लोग अपने आने वाले वक़्त के बार में सोच कर,

क्योंकि ऐसे लोग अपना आने वाला वक़्त ख़ुद ही लिखा करते है।

जब चलता है इंसान अकेला रास्ते पे तो बस साथ उसके इरादे हुआ
करते है,

पा जाने के बाद मंज़िल फिर साथ उसके तख़्तों ताज हुआ करते है।

नाम गूंज गया

हर महफ़िल में मेरा ज़िक्र गूंज गया,
दिन रात की हुई मेहनत का हिसाब गूंज गया।

जो कहते थे की तुझमें वो बात नहीं,
आज उन्ही के घर में मेरा नाम गूंज गया।

ख़ुद एक जज़्बा बन

वक़्त से लड़ कर तू मुक़्क़दर का सिकंदर बन,

करे सके हर मुश्किल को आसान तू उस क़ाबिल बन।

यक़ीनन जीत तेरे क़दमों में होगी,

बस अपने ज़हन की आवाज़ सुनकर तू ख़ुद अपने आप में एक जज़्बा बन।

अपना आशियाना बना

जुनून से हौसला, हौसले से अनुभव बना,

निराश होकर ना कभी तू अपने आप को नाकाम बना।

जिस जिसने भी तुझे कमज़ोर समझा है,

उन सबको तू अपना दीवाना बना,

आसमान को छुए वो इमारत ऐसा तू अपना आशियाना बना।

"आशियाना" - घर

सही होने की पहचान

कोई कुछ भी कहले लेकिन कभी कभी हम ख़ामोशी से सुनते रहते है,

पर जो लोग सही है वो तो सही रहते है।

किसी के सामने ख़ुद को सही साबित करने की ज़रूरत ना तो पड़ी है

ना ही कभी पड़ेगी,

क्योंकि मेरे सही होने की पहचान का फ़ैसला देने वाले वो सातवें

आसमान में रहते है।

वक़्त की क़दर

इस वक़्त में ख़ुद को जानना चाहता हुँ मैं,

पहले से और ज़्यादा ख़ुद को पहचानना चाहता हुँ मैं,

इस वक़्त ने सिखा दिया हैं वक़्त की क़दर करना,

अब आने वाले वक़्त में ख़ुद को सँवारना चाहता हुँ मैं।

खुले आसमान के नीचे ज़िन्दा हो

तो अब बना अपनी पहचान फितरते जीत की, अभी तो खुले आसमान
के नीचे ज़िन्दा हो।

तो अब बना अपना मुक़ाम इस क़ायनात में, अभी तो खुले आसमान
के नीचे ज़िन्दा हो।

तो अब बना अपना यक़ीन हर जोखिम को पार करने का, क्योकि
अभी तो खुले आसमान के नीचे ज़िन्दा हो।

कुछ करके दिखने की

समुंदर ने जंग की है नाव को डुबोने की,
नाव चलाने वाले ने भी बाज़ी लगायी है नाव को हर हाल में पार कराने की।
मिल ही जाती है मंज़िल ज़िंदगी में अगर इरादों में यक़ीन है कुछ करके दिखने की।

ज़माने के सारे लोग साथ ज़रूर होंगे

शौक़ तेरे सारे पूरे होंगे, जब सपने तेरे हक़ीक़त होंगे,

अपने पिछले वक़्त को भूल और आज को बेहतर बना,

फिर आने वाले कल में तेरे चर्चे ज़रूर होंगे,

तूने तजुर्बा पाया है अपने शौक़ को भुलाकर,

अपने जुनून से अकेला आगे बढ़ा है तू, एक दिन तेरे साथ ज़माने के
सारे लोग ज़रूर होंगे।

थोड़ा वक़्त दे

अपने विचारो को एक सकारात्मक दिशा दे,

सोच में अपने ख़ुद को जीतने की उम्मीद दे,

यह वक़्त गुज़र जाएगा सब्र रखने से,

बस तू अपने आप को थोड़ा वक़्त दे।

किरदार ने सिखाया

ठोकरों ने गिर गिर के चलना सिखाया है,

नज़रों को अपनी उठा के रखना सीखाया है,

स्वाभिमान से सौदा ना कभी किया है ना कभी करूँगा,

यह बात मुझे मेरे किरदार ने सीखाया है।

अंदर से भी मज़बूत

अगर अंदर से कमज़ोर है तू,

तो बाहर से मज़बूत दिखना होगा तुझे,

हर परेशानी को भुला कर चलते रहना होगा तुझे,

यह अनुभव तुझे अंदर से भी मज़बूत बना देगा,

बस अपनी नज़रों को मंज़िल की ओर रखना होगा तुझे।

वक़्त कभी एक जैसा नहीं होता

वक़्त कभी एक जैसा नहीं होता,

चलना पड़ता है तो कभी रुकना भी पड़ता है,

कभी बाहर जाके काम करना पड़ता है तो कभी घर में बैठना भी पड़ता
है,

आएगा वो वक़्त भी, जिसके बारे में तू दिन रात सोचता है,

बस मुसकुरा कर हर मुश्किल से सामना करना पड़ता है।

अनसुना कर दे

आगे बढ़ना है अगर तुझे, तो पीछे बुलाने वालों को अनसुना कर दे,

पहुँचना है अपनी मंज़िल की ओर, तो पीछे खींचने वालों से अपने आप को दूर कर दे,

जलने वाले कभी तेरी तरक़्क़ी नहीं चाह सकते,

तू तो बस चलता जा मशाल लेकर और इस जमाने में रोशनी कर दे।

प्रतिष्ठा को ना कभी मिटने देना

तरक़्क़ी पाने के लिए कभी स्वाभिमान को ना शर्मिंदा करना,

मंज़िल तक पहुँचने के लिए कभी ख़ुद की नज़रों में ना ख़ुद को गिरने देना,

अपने उसूलों को ज़हन में रख के उठाना है हर परेशानी का बोझ तुझे,

यक़ीनन हो जाएगी जीत तेरी बस तू अपनी प्रतिष्ठा को ना कभी मिटने देना।

"ज़हन" - दिमाग़

जीत का परचम लहरा

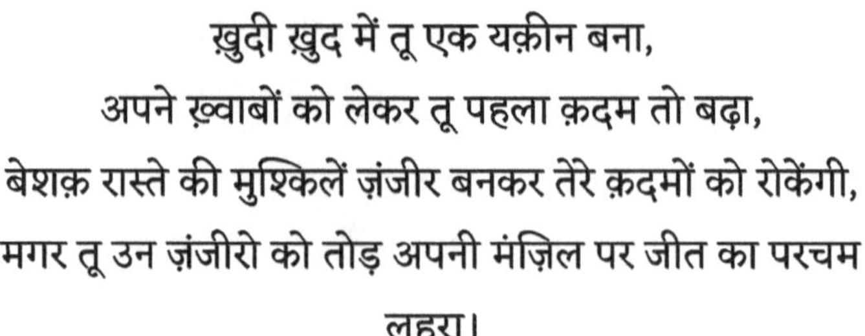

ख़ुदी ख़ुद में तू एक यक़ीन बना,

अपने ख़्वाबों को लेकर तू पहला क़दम तो बढ़ा,

बेशक़ रास्ते की मुश्किलें ज़ंजीर बनकर तेरे क़दमों को रोकेंगी,

मगर तू उन ज़ंजीरो को तोड़ अपनी मंज़िल पर जीत का परचम लहरा।

ज़माने से तुझे ईनाम

मिला नज़रें उस आसमान से जिसका क़द देख तुझे भी तेरा क़द बढ़ाने का हौसला मिलेगा,

देख उन पर्वतों को जिनकी उचायी देख तुझे भी उचायी पे होने का जज़्बा मिलेगा,

दौड़ता जा अपने मुक़ाम की तरफ़ उसे पाने के लिए,

फिर एक दिन इस ज़माने से तुझे ईनाम ज़रूर मिलेगा।

हार ना मानने की फ़ितरत

जंग ज़िंदगी में हो या मैदान में हिम्मत तो रखनी होती है,

सिर उठा कर चले जो उसी की इस दुनिया में क़दर होती है,

सिर्फ़ जीत की सोच रखने से नहीं मिल जाती मंज़िल,

हार ना मानने की फ़ितरत रखने से जीत क़दमों में होती है।

एक सेल्फ़ी इधर देना

नामंज़ूर हो अगर तेरा किसी की ज़िंदगी में जाना तो उसके दिल के

दरवाज़े पे कभी दस्तक ना देना,

अपने ही हाथों कभी अपनी इज़्ज़त को मिटने ना देना,

आज जो पहचान है तेरी वो एक दिन बदलेगी ज़रूर,

बना ख़ुद को क़ाबिल और चलता जा रास्ते की ओर,

फिर एक दिन लोग ज़रूर कहेंगे की एक सेल्फ़ी इधर देना,

एक सेल्फ़ी इधर देना।

सूरज की तरह बन

बे इज़्ज़त करा है जिन्होंने उन्ही की आँखो में तुझे तेरे लिए फिर से
इज़्ज़त दिख जाएगी,

रख क़ाबिलियत वैसी की किनारे पे अगर खड़ा है तू, तो तुझे समुंदर
की गहरायी दिख जाएगी,

सितारे तो बहुत है आसमान में,

बन ना है तो सूरज की तरह बन जिसकी चमक को देख इस सारे
ज़माने की आँखे झुक जाएगी।

जीतने पर ही यह दुनिया सलाम करती है

आँखो में आंसुओं से नहीं, उन्ही आँखो में आग़ हो तो यह दुनिया

इज़्ज़त करती है,

कोशिश करने पर नहीं, जीतने पर ही यह दुनिया

सलाम करती है,

तूफ़ान हो तब भी कश्ती पार करानी है तुझे,

किनारे पे खड़े रहने वालों को कहा दुनिया याद करती है।

भले ही ठहर जा थोड़ा

सोच की तेरा हर ख़्वाब पूरा हो चुका है, फिर ही तुझे उन ख़्वाबों
को पूरा करने के लिए ताक़त मिलेगी,

सोच की मिल चुकी है मंज़िल तुझे तेरी, फिर तुझे कितनी ख़ुशी
मिलेगी,

ख़ुद को जान ने के लिए वक़्त चाहिए, तो भले ही ठहर जा थोड़ा,

अपने अंदर की कला को जो पहचान लिया तूने,

तो तमाशबीनों से एक दिन तालियाँ तुझे ज़रूर मिलेगी।

"तमाशबीनों" - दर्शक

जब ठान लिया

जब ठान लिया तो कर ही जाएगा तू,

अगर मान लिया की तू क़ाबिल है, तो फिर सब कुछ पा ही जाएगा तू,

उम्मीद ना रखने से मिला हुआ भी खो जाता है ज़िंदगी में,

और उम्मीद रखने पर आसमान को भी छू जाएगा तू।

पानी पे चलने का हुनर

बेख़ौफ़ी का आलम रखता है,
लोगों की भीड़ को चीर कर आगे बढ़ने का हौसला रखता है,
जिसने कभी नामुमकिन शब्द को माना ही ना हो,
वो इंसान फिर पानी पे चलने का भी हुनर रखता है।

इस शहर में

इस शहर में बहुत से ख़्वाब लेकर आया हूँ,

करूँगा पूरा उन सभी ख़्वाबों को, यह उम्मीद लेकर आया हूँ,

बनाना है क़ायल अपनी कला से इस ज़माने को,

अपनी मेहनत में वो यक़ीन लेकर आया हूँ।

"क़ायल" - दीवाना

निराश ना करना मुझे ऐ मंज़िल तू

निराश ना करना मुझे ऐ मंज़िल तू, देख मैं अपनी रातों की नींद लेकर आ गया,

कहते रहे लोग की तू वापिस आजा घर इस शहर को छोड़ के,

मैं उन सभी को नज़रंदाज़ करके तुझे पाने के लिए आ गया,

अपना ख़ून / पसीना लेकर आ गया, जज़्बा, हौसला, हिम्मत लेकर आ गया,

बस निराश ना करना मुझे ऐ मंज़िल तू,

देख मैं हर दर्द को सहते हुए तेरे पास फिर भी मुस्कुराते हुए आ गया।

दिल का ख़्वाब

आने वाला वक्त तुझसे सवाल करेगा,

क्या खोया / क्या पाया हर चीज़ का तुझसे जवाब माँगेगा,

दिल का ख़्वाब दिल में ना रह जाए,

तो उस ख़्वाब को रास्ता देदे तू,

मलाल ना रहेगा फिर ज़िंदगी में कभी,

क्योंकि हर वो ख़्वाब जो तूने चाहा वो एक दिन ज़रूर पूरा हो जाएगा।

"मलाल" - दुख

वाह वाह कर रहा है

वक़्त तेरी मंज़िल को पाने का इंतज़ार कर रहा है,
वक़्त तेरे हुनर की क़दर कर रहा है,
वक़्त ख़ुद साथ चल रहा है तेरे, तू बस पीछे मत हटना,
आएगा वो वक़्त जब तू ख़ुद देखेगा की ज़माना तेरे हुनर को देख
वाह वाह कर रहा है।

दिन और रात एक करना होगा

सब्र तो तुझे रखना होगा, मिट्टी का घड़ा है तो पक्का होने के लिए उसे
तपना होगा,

ठोकर तो अनगिनत लगेगी रास्ते में,

पर तुझे बिना रुके चलना होगा,

बेशक़ बढ़ जाती है क़ीमत हुनर की,

उसके लिए तुझे दिन और रात एक करना होगा।

ख़्वाबों की पेटी

मुक़ाम तक पहुँचने के लिए तूने एक लम्बी छलांग लगायी है,

साथ में अपने एक ख़्वाबों की पेटी बनायी है,

देख कर उस ख़्वाबों की पेटी को,

कुछ लोगों ने हँसी भी उड़ायी है,

तूने अपने क़दमों को रोका नहीं फिर भी,

इसी सोच ने तो तेरे किरदार की शान बढ़ायी है।

समुंदर को देख

समुंदर को देख कोई ठहराव महसूस करता है तो कोई उत्साह
महसूस करता है,
यह अपनी अपनी सोच पर है की कोई क्या महसूस करता है,
लेकिन ज़रूरी तो दोनो ही है ज़िंदगी जीने के लिए,
क्योंकि ठहराव हार में और उत्साह जीत में काम करता है।

तुझे उठना होगा

लोग कह रहे है की गिर गया है तू, अब तुझे उठना होगा,
गिरते वही है जो दौड़ा करते है,
यह बात तुझे सबको बताना होगा,
शिकस्त कभी नहीं होती उसकी जो फिर उठ खड़ा होता है,
इस नज़रिये को तुझे बरकरार रखना होगा।

बादशाही की कुर्सी

ख़्वाबों के आग़ाज़ की चिंगारी को तुझे आग़ देनी है,

आहिस्ता आहिस्ता आगे बढ़ कर ख़ुद को बादशाही की कुर्सी देनी है,

ख़िलाफ़त तो सदियों से हुई है बादशाहों के सामने,

हराने के लिए जो रक़ीब ने बाज़ी लगायी है, उस बाज़ी को तुझे मात

ज़रूर देनी है।

"आग़ाज़" - शुरुवात

"रक़ीब" - दुश्मन

"बाज़ी" - शर्त

दर्द आज़मा रहा है

दर्द आज़मा रहा है और तू फिर भी मुस्कुरा रहा है,

हिम्मत तो छोड़ूँगा नहीं, तेरे अंदर का हौसला यही फ़र्मा रहा है,

अपने दर्द में ही सुकून को ढूँढा है तूने केवल जीतने लिए,

मिल रहा है तुझे तेरा मुक़ाम, अब यह दुनिया वालों को भी नज़र आ रहा है।

अनंत से भी आगे

आग़ाज़ के बाद अंत कभी नहीं होता है, मुक़ाम तक पहुँचने के बाद
भी जो आगे बढ़कर सीखता रहे उसी का नाम होता है,
अनंत से भी आगे का सोचा है जिसने,
वही सिंघासन पे ख़ुद को जमाए रखता है।

"आग़ाज़" - शुरुवात
"अनंत" - जिसका अंत ना हो

वंदन राज टाक का जन्म ख़ूबसूरत शहर झीलों की नगरी उदयपुर (राजस्थान) में हुआ, उनके पिताजी का नाम श्री रवि कांत टाक है, उनकी माताजी का नाम श्रीमती रेखा टाक है।

वंदन राज ने अपनी स्कूल एवं कॉलेज की पढ़ायी उदयपुर से पूरी करी, शुरुआत से ही वंदन राज की रुचि अभिनेता एवं लेखक बन ने की थी, कॉलेज पूरा होने के बाद उनका यह विचार, की ज़िंदगी के किसी मोड़ पे ऐसा ख़याल आया की अगर शायद मैं कोशिश करता तो अपने सपने पूरे कर पाता, और यह ज़िंदगी शायद में ही निकल जाए .. तो इससे बेहतर है की "मैं कोशिश ज़रूर करूँ"।

इसी सोच से आगे बढ़ कर वंदन राज ने उदयपुर में ही "Theatre Acting" जोईन किया .. कुछ स्टेज प्लेज़ और नुक्कड़ नाटक किए। फिर मुंबई जाकर उन्होंने "Film Acting Course" किया।

उसके बाद वंदन राज की शॉर्ट फ़िल्म - "Dice- Don't Miss the Conclusion" और "Humdard Hai" म्यूज़िक विडीओ रिलीज़ हुआ, म्यूज़िक विडीओ में बॉलीवुड गायक "अंकित तिवारी" ने अपनी आवाज़ दी, यह म्यूज़िक विडीओ "Zee Music" प्लाट्फ़ोर्म पर रिलीज़ हुआ, इसी म्यूज़िक विडीओ में वंदन राज को "Mumbai Global Achievers Award" में "New Comer Actor" का अवार्ड भी मिला।

वंदन राज "Travel Bee" नाम की कम्पनी के ब्रांड एम्बेसडर है, वंदन राज की एक और शॉर्ट फ़िल्म "Hercules" जल्दी ही रिलीज़ होने वाली है।

यह कविता की किताब वंदन राज की पहली किताब है, यह किताब लिखने का उनका मक़सद यह है की, वह अपने जज़्बातों को और

अपनी सोच को शब्दों का रूप देकर लोगों के अंदर भरपूर आत्म विश्वास देकर अभिप्रेरण से जीवन जीने को प्रोत्साहित करना चाहते है, एवं इन कविताओं से लोगों को अपनी मंज़िल को स्वाभिमान के साथ पाने के लिए जिन जिन भी ख़ूबियों की ज़रूरत होती है, उन सभी बातों को वंदन राज ने कविता के रूप में लिखा है।

वंदन राज टाक लोगों के लिए एक आदर्श बन ना चाहते है, और अपनी कला, जुनून और हौसले के साथ आगे बढ़कर अपनी मंज़िल और मुक़ाम को पाना चाहते है।